Ilios Kotsou

Caderno de exercícios de inteligência emocional

Ilustrações de Jean Augagneur

Tradução de Stephania Matousek

EDITORA VOZES
Petrópolis

© Éditions Jouvence, 2011
Chemin du Guillon 20
Case 184
CH-1233 — Bernex
http://www.editions-jouvence.com
info@editions-jouvence.com

Tradução do original em francês intitulado *Petit cahier d'exercices d'intelligence émotionnelle*

Direitos de publicação em língua portuguesa — Brasil: 2021, Editora Vozes Ltda.
Rua Frei Luís, 100
25689-900 Petrópolis, RJ
www.vozes.com.br
Brasil

Todos os direitos reservados. Nenhuma parte desta obra poderá ser reproduzida ou transmitida por qualquer forma e/ou quaisquer meios (eletrônico ou mecânico, incluindo fotocópia e gravação) ou arquivada em qualquer sistema ou banco de dados sem permissão escrita da editora.

CONSELHO EDITORIAL

Diretor
Volney J. Berkenbrock

Editores
Aline dos Santos Carneiro
Edrian Josué Pasini
Marilac Loraine Oleniki
Welder Lancieri Marchini

Conselheiros
Elói Dionísio Piva
Francisco Morás
Gilberto Gonçalves Garcia
Ludovico Garmus
Teobaldo Heidemann

Secretário executivo
Leonardo A.R.T. dos Santos

Editoração: Frei André Luiz da Rocha Henriques
Projeto gráfico: Éditions Jouvence
Arte-finalização: Lara Kuebler
Capa/ilustrações: Jean Augagneur
Arte-finalização: Carlos Felipe de Araújo

PRODUÇÃO EDITORIAL

Aline L.R. de Barros
Marcelo Telles
Mirela de Oliveira
Natália França
Otaviano M. Cunha
Priscilla A.F. Alves
Rafael de Oliveira
Samuel Rezende
Vanessa Luz
Verônica M. Guedes

ISBN 978-85-326-4166-3 (Brasil)

ISBN 978-2-88353-868-9 (Suíça)

Este livro foi composto e impresso pela Editora Vozes Ltda.

Dados Internacionais de Catalogação na Publicação (CIP)
(Câmara Brasileira do Livro, SP, Brasil)

Kotsou, Ilios
    Caderno de exercícios de inteligência emocional / Ilios Kotsou ; ilustrações de Jean Augagneur ; tradução de Stephania Matousek. 4. ed. — Petrópolis, RJ : Vozes, 2014. — (Coleção Cadernos : Praticando o Bem-estar)

    Título original : Petit cahier d'exercices d'intelligence émotionelle
    Bibliografia.

    16ª reimpressão, 2024.

    ISBN 978-85-326-4166-3

    1. Administração de empresas — Aspectos psicológicos
2. Desempenho — Avaliação 3. Inteligência emocional
4. Sucesso profissional I. Augagneur, Jean. II. Título.
III. Série.

20-34905

CDD-152.46

Índices para catálogo sistemático:
1. Inteligência emocional : Aspectos psicológicos:
Administração   658.0019

« *A emoção é o momento em que o aço encontra a pedra e provoca uma faísca, pois a emoção é a principal fonte de qualquer tomada de consciência.* »

Carl Gustav Jung

Introdução

Alegria, medo, raiva, tristeza, surpresa, gratidão, admiração...: todas as emoções ocupam um lugar na nossa vida. No cotidiano, assim como na literatura, as emoções frequentemente são classificadas em duas categorias: boas ou más, úteis ou inúteis, desejáveis ou indesejáveis. No entanto, trata-se de uma grande e lamentável confusão. Todas as emoções são úteis. O que seria a nossa vida sem estes guias inestimáveis, sem estes históricos GPS?

Em compensação, alguns dos efeitos que as emoções exercem em nós mesmos ou nos outros podem ser qualificados de negativos em função dos comportamentos que engendram.

DEPOIS DA TRISTEZA, VIRE À ESQUERDA E SIGA A RAIVA. E, EM SEGUIDA, À DIREITA, RUA DA COMPAIXÃO.

Como veremos ao longo deste caderno, as emoções iluminam o nosso juízo, reforçam o nosso sistema imunitário, protegem-nos dos riscos e fazem com que tomemos decisões certas. Porém, elas também podem nos levar a passar por situações difíceis, estados de estresse, conflitos, sofrimentos psicológicos ou físicos.

As emoções agem principalmente em três planos: pensamentos, comportamentos e relações sociais.

O objetivo deste caderno de treino para conviver bem com as suas emoções não é controlar os pensamentos ou eliminar certas emoções em proveito de outras. A inteligência emocional, técnica que consiste em conviver melhor com as suas emoções e as dos outros, aconselha-nos simplesmente a mudar a nossa relação com as emoções para construir um caminho de vida mais harmonioso, rico e pleno de sentido.

De onde vêm as emoções?

As emoções sempre desempenharam um papel importante na evolução e adaptação da espécie humana ao seu meio ambiente. Desde os primórdios, elas ajudaram os nossos ancestrais, servindo-lhes de sinais para eles enfrentarem os desafios exteriores.

Tataranetos dos homens das cavernas, nós hoje precisamos das emoções tanto quanto eles para orientarmos e redescobrirmos o sentido da nossa vida. Não nos deparamos mais o tempo todo com tigres ameaçadores, mas, diante de um perigo, continuamos a ter as mesmas reações. O coração acelera, certos músculos se contraem, a expressão do rosto muda e sentimos vontade de fugir. De forma similar, mas com outro tom, a raiva nos indica os obstáculos a superar ou contra os quais se rebelar.

As emoções também influenciam a nossa atenção e visão das coisas, tanto no sentido próprio quanto no figurado. Em situação de perigo, a atenção se concentra no que poderia nos ameaçar, às vezes a ponto de não vermos mais nada além disto e ficarmos paralisados. Por outro lado, todos nós já experimentamos o sentimento de estar com a cabeça nas nuvens e ver a vida cor-de-rosa quando a alegria ou o amor nos invadem.

Por fim, as emoções também exercem a função de comunicar com os outros, às vezes sem que nos demos conta, através do que se chama de « manifestações não verbais da emoção ».

O que é uma emoção?

A palavra « emoção » provém do latim *exmovere* ou *emovere*, que significa « movimento para fora » ou « colocar em movimento ». Por extensão, ela designa aquilo que nos coloca em movimento fora e dentro de nós mesmos. É uma manifestação física associada à percepção de um acontecimento no ambiente (externo) ou no nosso espaço mental (interno). A cada microssegundo, o cérebro recebe bilhões de informações relativas à percepção, tratamento e regulação das emoções. Por sua vez, estas informações influenciam outros fenômenos psicológicos, tais como atenção, memória ou linguagem (verbal e não verbal).

A experiência subjetiva que se chama de « emoção », quando na linguagem corrente dizemos "estou com medo", na verdade é composta de vários ingredientes: uma dose de mudanças fisiológicas (aceleração cardíaca), uma pitada de sensações (frio na barriga...), um ramalhete de tendências (« estou com vontade de fugir »), servido com pensamentos (« não vou conseguir me sair bem desta vez »).

Os cientistas distinguem certas emoções, consideradas como fundamentais ou primárias, das quais derivam todas as outras emoções. Nos anos 1970, o psicólogo americano Paul Ekman compilou as emoções de acordo com os efeitos sobre os músculos do rosto. Sua pesquisa resultou numa lista de seis emoções de base. Segundo ele, estas últimas estão presentes em todas as culturas e seriam universalmente identificáveis através de expressões faciais características, que constituem uma espécie de linguagem das emoções. Estas emoções primárias funcionariam como programas de acionamento automático para nos ajudar a responder às mudanças do mundo exterior. Em compensação, o estopim das emoções não é universal, variando conforme as culturas, contextos e indivíduos.

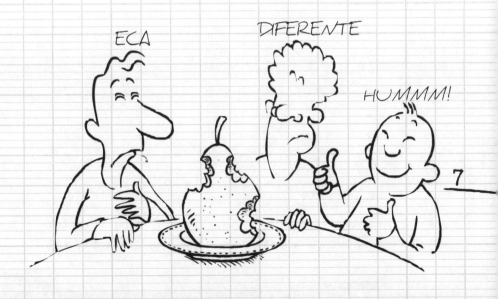

As seis emoções de base definidas por Ekman são: **a raiva, o medo, o desgosto, a alegria, a tristeza e a surpresa**. É interessante comparar esta lista com a que René Descartes elaborou há mais de três séculos. Em *As paixões da alma* (1649), ele lista seis emoções fundamentais: admiração (que corresponde à surpresa), amor, ódio, desejo, alegria e tristeza.

Exercício: sua lista de emoções

Da mesma maneira que você monta uma *playlist* (lista de leitura) para escutar as suas músicas preferidas (tristes, alegres, enérgicas...), monte a lista das emoções que você vive na maior parte do tempo.

1.

2.

3.

4.

5.

6.

Agora, compare a sua lista com a de Paul Ekman. Você escreveu emoções parecidas?

Em seguida, na amarelinha ao lado, indique as emoções que você considera importantes para dar sentido à sua vida.

Identifique as suas emoções

Dar nome às emoções que vivemos parece ser um passo bastante fácil para compreendê-las melhor e, em seguida, comunicá-las. Entretanto, a nossa Educação frequentemente reservou pouco espaço para o aprendizado das emoções. Sendo analfabetos emocionais, o nosso vocabulário no assunto é, portanto, muito pobre.

Veja abaixo uma lista não exaustiva de emoções para reabastecer o seu guarda-roupa emocional:

Alegria	Alegria (cont.)	Raiva	Tristeza	Desgosto	Surpresa	Medo
acalentado	hilário	aborrecido	abatido	amargo	alerta	apavorado
afortunado	impetuoso	cansado	aflito	desgostoso	alvoroçado	alarmado
agradável	inspirado	colérico	aniquilado	desenganado	arquejante	angustiado
alegre	jocoso	com ódio	aterrado	desencantado	arrebatado	apreensivo
alentado	jovial	contrariado	atordoado	desiludido	arrepiado	amedrontado
animado	jubiloso	de mau humor	atormentado	enojado	aterrado	assustado
bem disposto	maravilhado	descontente	azedo	horripilado	atônito	aterrorizado
brincalhão	radiante	encrespado	comovido	incomodado	atordoado	chocado
caloroso	realizado	enojado	consternado	ultrajado	atrapalhado	com fobia
cativado	relaxado	exasperado	deprimido		aturdido	com mal-estar
com energia	revigorado	frustrado	desalentado		boquiaberto	desamparado
confiante	risonho	furioso	descomposto		chocado	desconcer-
contente	saltitante	incomodado	desencantado		confuso	tado
de bom humor	satisfeito	irado	desesperado		de olhos	desnorteado
deleitado	sereno	irritado	desiludido		arregalados	desorientado
divertido	sorridente	nervoso	desolado		desconcer-	desestabili-
doido	tocado	ofendido	despedaçado		tado	zado
embalado	tranquilo	raivoso	emocionado		desorien-	em pânico
em êxtase	triunfante	sobressal-	entristecido		tado	gelado de
em frenesi	vibrante	tado	inconsolável		embasbacado	medo
feliz	vivaz	zangado	infeliz		espantado	horrorizado

estarrecido
estonteado
estupefato
maravilhado
mexido
pasmo
perplexo
sem fala
sem fôlego
sem senti-
  dos
siderado
surpreso
transtor-
  nado
	inquieto
	inseguro
	intimidado
	petrificado
	receoso
	temeroso
	trêmulo
	vacilante
	vigilante	

lúgubre magoado melancólico miserável moroso nostálgico perturbado preocupado prostrado		
em harmonia emocionado encantado engraçado entusiasmado estimulado estupefato eufórico excitado exultante fascinado		

Observe o quadro durante alguns minutos e leia em voz alta cada emoção. Você sente alguma coisa no seu corpo ao dizer tal ou tal palavra? Se sentir, descreva o que acontece dentro de você. Talvez você se lembre de uma situação feliz ou infeliz...

....
....
....
....
....
....
....
....

Em seguida, observe cada coluna. O que você pode notar com relação à quantidade de itens? Se você quiser, também pode acrescentar palavras a esta lista. E mesmo inventar outras e mandá-las para nós!

....
....
....
....
....

De vez em quando reserve um tempinho para tomar distância e se perguntar o que você está sentindo. Então, anote no espaço a seguir a emoção presente, mesmo que sua intensidade seja bem fraca.

Minha emoção do momento:..

Por que decidir conviver melhor com as suas emoções?

A pesquisa científica demonstra que emoções mal-orientadas podem exercer efeitos negativos sobre a saúde tanto mental (riscos de ansiedade, depressão etc.) quanto física. Uma meta-análise recentemente realizada pela University College de Londres (2009) confirmou a existência de uma ligação entre emoções de raiva mal-orientadas e ataques cardíacos. A pesquisa também aponta elementos reveladores de um fato: pessoas que sabem controlar bem as suas emoções têm mais chances de apresentarem boa saúde, viverem muito tempo e cultivarem relações sociais enriquecedoras.

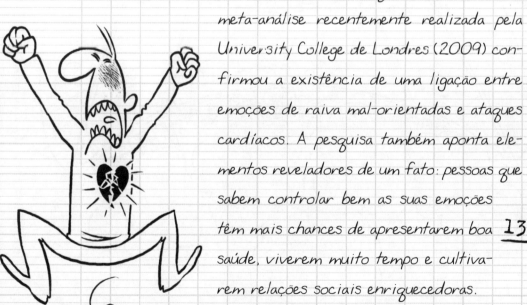

A influência do piloto automático nas emoções

Num avião, o piloto automático permite engatar mecanismos indispensáveis ao bom funcionamento do voo sem a intervenção humana da tripulação.

Escreva nas nuvens cinco experiências do seu « piloto automático ».

No cotidiano, recorremos regularmente a esta função. Quem nunca ficou surpreso ao chegar ao seu destino sem ter refletido conscientemente sobre o itinerário (o carro me levou sozinho)? Quantas vezes já fizemos ou dissemos coisas (ou, ao contrário, não fizemos nem dissemos nada) sob efeito de automatismos?

Quando nossos pensamentos e comportamentos se produzem automaticamente, tomamos atitudes (comer, atender ao telefone, dirigir...) sem estarmos conscientes do que estamos fazendo. O funcionamento automático oferece muitas vantagens. A primeira é a rapidez de execução. Assim como os nossos ancestrais face aos mamutes, quando nos encontramos hoje face aos motoristas "barbeiros", cada segundo conta... O modo automático igualmente nos permite empreender várias ações simultâneas e memorizar processos complexos como andar de bicicleta ou dirigir um carro.

Porém, ele também traz desvantagens. Lembre-se dos dias em que você já acordou de mau humor e foi automaticamente levado a expressar emoções, julgamentos e até comportamentos negativos para si mesmo e para os outros. Outro exemplo: uma colega sua costuma fazer pequenos comentários quando você chega depois dela ao escritório. Embora saiba que não precisa se preocupar com isto, uma vez que a situação foi tirada a limpo com o seu responsável, você não consegue se impedir de ficar irritado. Só de pensar você já se sente incomodado antes mesmo de chegar ao trabalho, o que o deixa de mau humor e condiciona a sua relação com ela: você lhe diz bom-dia com aspereza e a evita tanto quanto possível na hora do almoço. Para dizer a verdade, tem dias em que você nem lembra mais se ela fez ou não comentários. O piloto automático nos conduz a repetir velhos hábitos que nem sempre são úteis. Alguns de nós reagem ao estresse com agressividade, outros, recusando-se a comunicar com os seus entes queridos. Com este tipo de funcionamento, perdemos a liberdade de optar pela resposta mais adequada à situação.

Exercício: Relembre-se de cinco experiências ocorridas no mês passado em que você agiu com o piloto automático

1. Você estava lendo um livro (talvez este aqui mesmo!) e, na hora de virar a página, você se deu conta de que não tinha a menor ideia do que havia acabado de ler.

2. ....

3. ....

4. ....

5. ....

Circule de verde aquelas nas quais você acha que
este funcionamento foi útil e de vermelho aquelas
nas quais ele foi incômodo ou inadequado.

Faça o mesmo exercício com experiências que você
observou em interações com as pessoas ao seu redor,
por exemplo enquanto estavam escutando/assistindo
a um programa...:

1. Você estava conversando com um amigo sobre uma
   situação meio delicada no trabalho. Embora pa-
   recesse estar escutando, ele não conseguia se
   impedir de responder aos SMS do seu celular ao
   mesmo tempo.

2. ....

3. ....

4. ....

5. ....

As diferentes facetas das emoções

As nossas emoções estão ligadas a **sensações**, **tendências**
e **pensamentos**. Porém, visto que não aprendemos bem a
escutar os nossos estados interiores, todas as suas diferentes dimensões nos parecem embaralhadas. Ora, é interessante poder observar os nossos estados interiores de
modo neutro a fim de distinguir as diversas facetas.

Esta etapa de descrição é o melhor antídoto para o piloto automático.

Exercício: descreva a sua emoção

Pense numa emoção que você tenha sentido recentemente. Use o quadro para identificá-la. Em seguida, lembre-se do contexto ou da situação que provocou esta emoção:
- Que sensações você teve?
- Você pensou alguma coisa (por exemplo, que esta emoção era incômoda, que ela deveria sumir, que ela lhe fazia bem, que deveria durar para sempre)?
- Esta emoção deu origem a alguma tendência a ações ou comportamentos?
- Ela se manifestou no seu rosto? Se for o caso, de que maneira?

Complete o desenho da página seguinte conforme os exemplos abaixo:

Sensações
Ex.: Estou com o peito oprimido.

Pensamentos
Ex.: Acho que nunca vou alcançar o sucesso.

Tendências
Ex.: Estou com vontade de abandonar o projeto.

Expressões faciais
Ex.: Meu maxilar está contraído.

Emoções
Ex.: Estou ansioso.

Emoção, reação

Herdamos dos nossos ancestrais um sistema de alarme e proteção muito eficaz. Diante de um perigo (ou da percepção de um perigo), os nossos ancestrais reagiam atacando, fugindo ou se escondendo. Ainda hoje adotamos estas três estratégias diante das nossas emoções.

Tentamos evitar ao máximo aquilo que nos é desagradável ou nos faz sofrer e buscamos aquilo que consideramos como positivo. Ora, face às emoções, a evasão é uma opção pouco eficaz. É possível evitar, controlar ou fugir de um acontecimento externo (um tigre, uma pessoa desagradável etc.), mas é impossível evitar acontecimentos interiores, tais como pensamentos ou emoções. O que acreditamos ser uma solução acaba se tornando o problema. Pesquisas demonstram que a fuga das emoções não somente é ineficaz, mas também pode aumentar paradoxalmente o nosso mal-estar a médio ou longo prazo.

Exercício: a linha do tempo

Lembre-se de uma emoção ou contexto do qual você já quis ou quer escapar.

Indique na linha do tempo os efeitos a curto e longo prazo deste mecanismo de fuga.

Há alguma diferença? Que lição você pode tirar?
Exemplo:

Situação difícil	Reação de fuga	Efeitos a curto prazo	Efeitos a longo prazo
Estou sentindo uma tensão entre eu e o meu cônjuge.	Eu me recuso a falar sobre isto e procuro mudar de assunto toda vez que ele(a) tenta discutir a relação.	Fico aliviado(a) ao evitar um possível conflito.	A tensão e o conflito estagnam e podem se agravar.

Meu exemplo:

Situação difícil	Reação de fuga	Efeitos a curto prazo	Efeitos a longo prazo

Em vez de evitar ou controlar, acolha

Evitar, fugir, lutar com as emoções contribui para aumentar o nosso mal-estar a longo prazo. Além disso, este comportamento nos impede de aprender com as nossas emoções, o que só é possível se começarmos a acolhê-las e nos familiarizarmos com elas. Acolher as emoções é um dos meios de tomar consciência dos nossos automatismos para criar um espaço de liberdade em nossas vidas. Esta ideia não é original, mas provém de sabedorias ancestrais e se encontra em muitas tradições. Mas a novidade é que a evolução da pesquisa científica hoje permite confirmar certos elementos e estabelecer laços entre diversas tradições.

O texto abaixo, escrito por Rûmi, ilustra de maneira bastante poética a importância de acolher as suas emoções.

« A casa de hóspedes »

O ser humano é uma casa de hóspedes:
Cada dia, uma nova chegada.
Uma alegria, uma depressão, uma maldade,
Uma tomada de consciência momentânea chega como
uma visita inesperada.
Acolha todos eles!
Mesmo que se trate de uma multidão de mágoas,
Que roubem com violência todos os móveis da sua casa,
Trate cada convidado honrosamente,
Quem sabe um dia ele dará lugar
A uma nova alegria.
O pensamento sombrio, a vergonha, a inveja,
Acolha-os de braços abertos e convide-os a entrar.
Tenha gratidão pela chegada de quem quer que seja,
Pois cada um foi enviado como guia pelo Ser Supremo.

Djalal ed-Din Rûmi

Acolher as emoções também está no cerne de um método do qual muito se fala hoje em dia e cuja origem é o budismo: a consciência plena (também chamada de *mindfulness*).

Acolha a sua emoção

« Aquilo que o indivíduo não quer saber sobre si mesmo acaba acontecendo no mundo exterior sob a forma de destino. »
C.G. Jung

Na próxima vez em que uma emoção/sensação desagradável se manifestar, tome consciência da tendência automática a evitá-la e/ou controlá-la. Em seguida, pare para observá-la, reconhecê-la e senti-la; em suma, acolha-a.

Focalize a atenção na sua experiência interior e observe o que estiver acontecendo no plano das suas sensações corporais. Tente identificar com mais precisão estas sensações e sentimentos (« estou sentindo uma tensão no peito », « estou sentindo um frio na barriga », « estou com raiva, sinto uma frustração profunda... »).

Em seguida, reserve mais alguns instantes para examinar os efeitos da emoção. Preste atenção na sua respiração. Tente acompanhar o ar circulando no seu corpo durante todo o seu trajeto, desde a inspiração até a expiração. Para se concentrar melhor na sua respiração, você pode contar as suas respirações interiormente ou em voz baixa.

Exercício: retrato chinês da sua emoção

Este é mais um exercício para observar e se familiarizar com as suas emoções.
Relembre uma situação em que você tenha vivido uma emoção:
Se fosse um animal, a sua emoção seria ...
Se fosse de uma cor, a sua emoção seria ...
Se tivesse uma forma, seria ...
Se tivesse uma textura, seria ...
Se tivesse um cheiro, seria ...
Se fosse uma personagem histórica, seria ...
Qual é a intensidade dela?

Desenhe a sua emoção deixando « o lápis desenhar sozinho », é ele que vai guiar a sua mão.

Nome da emoção: ....

Entenda as suas emoções

Temos tendência a considerar as emoções desagradáveis como negativas. É óbvio que os efeitos de certas emoções mal-orientadas podem provocar consequências negativas para nós mesmos ou para os outros. No entanto, as emoções propriamente ditas podem ser todas consideradas como úteis: elas nos informam sobre o ambiente ao nosso redor.

Através desta função de informação, a emoção nos reconecta às nossas necessidades. Assim como uma planta precisa de água, luz e nutrientes para se desenvolver, compartilhamos com todos os seres vivos diversas necessidades fisiológicas fundamentais, às quais se juntam outras, mais sofisticadas, principalmente no plano psicológico.

As nossas emoções são excelentes indicadores do que é importante para nós. Quando achamos que as nossas necessidades já foram ou estão sendo satisfeitas, sentimos emoções agradáveis. Quando, ao contrário, temos a impressão de que as nossas necessidades foram contrariadas, sentimos emoções desagradáveis. Desligar-se destas emoções equivale, portanto, a se desligar destas informações.

Baseadas nos trabalhos do psicólogo humanista Maslow, pesquisas conduzidas por uma equipe da Universidade Católica de Lovaina, na Bélgica, sugeriram classificar as necessidades em seis categorias principais. Destas categorias resultam várias outras necessidades:

- **Segurança**: sentir-se em segurança fisicamente, mas também material ou moralmente.

- **Estímulo**: viver estímulos que podem ser físicos (uma boa refeição, um bom vinho, um contato físico) ou mentais (ideias criativas, aprendizado).

- **Afetivas/sociais**: precisamos interagir com os outros, precisamos de amor, amizade e pertencimento.

- **Estima/reconhecimento**: para o ser humano, é importante se sentir valorizado e competente, além de ver que os outros têm consideração por ele.

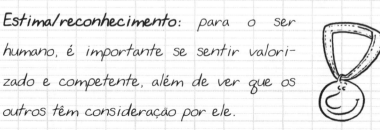

- **Autonomia**: precisamos sentir que somos capazes de decidir por/para nós mesmos, que temos certa liberdade de escolha.

- **Sentido/coerência**: para o ser humano, é importante ver que a vida tem coerência e sentido. A nossa necessidade de dar um sentido à nossa vida está ligada aos nossos valores - vamos nos aprofundar sobre esta necessidade específica mais à frente neste caderno.

Vejamos o exemplo de uma criança: além das necessidades vitais (comer e beber, dormir...), as necessidades afetivas e sociais logo ocuparão um lugar central na sua vida. A não satisfação destas necessidades pode provocar um grande impacto em seu desenvolvimento.

Exercício: o pódio das suas necessidades

Preencha os degraus com as suas necessidades de acordo com o grau de importância delas para você.

Exercício: relacionando ideias

No desenho a seguir, relacione as necessidades às sete categorias às quais elas pertencem circulando cada categoria com uma cor diferente.

❶ Sobrevivência   ❷ Necessidades afetivas e sociais   ❸ Autonomia

❹ Estímulo, criatividade   ❺ Segurança, integridade   ❻ Estima   ❼ Sentido

---

Equilíbrio   Atenção   Água   Tempo   Ética   Descanso   Abundância

Ajuda   Autoafirmação   Emoção   Polidez   Reciprocidade   Desapego

Sucesso   Compreensão   Autoconhecimento   Relaxamento   Independência

Paz   Ternura   Espiritualidade   Ar   Reconciliação   Tolerância   Divindade

Intuição   Excelência   Confiança   Silêncio   Objetivo   Respeito

Beleza, senso estético   Calor   Calma   Sonhos   Honestidade   Espontaneidade

Estrutura   Vitalidade   Solidariedade   Inovação   Repouso   Direção

Continuidade   Amor   Gratuidade   Espaço   Ação   Respeito por si mesmo

Partilha   Eficácia   Autenticidade   Justiça   Comida   Finalidade   Lazer

Proteção   Esperança   Permanência   Amizade   Evolução   Sabedoria

Harmonia   Sensibilidade   Reconforto   Autoestima   Tranquilidade

Realização   Experiência   Garantia   Equidade   Ambiente sadio   Ouvido amigo

Valores   Religiosidade   Fraternidade   Consciência do seu lugar no mundo

Liberdade   Cooperação   Imaginação   Originalidade   Sinceridade   Escolha

Reconhecimento   Novidade   Proximidade   Distância   Aventura

Tomada de decisão   Calor humano   Solidão   Entusiasmo   Lealdade

Fidelidade   Estabilidade   Companhia   Serenidade   Celebração   Cumplicidade

Interação   Humor   Bom desempenho   Consciência do seu valor   Carinho

Mudança   Conforto   Criatividade, arte   Comunicação   Generosidade

Compromisso   Espaço pessoal   Abrigo

Exercício: emoções e necessidades

Identifique as emoções agradáveis que você esteja vivendo no momento presente e as necessidades que estão associadas a elas. Identifique três emoções agradáveis e três emoções desagradáveis, bem como as necessidades correspondentes.

Emoção	Necessidade
Ex.: Neste momento, estou sentindo um **contentamento**.	Este contentamento corresponde à minha necessidade de compartilhar e interagir.
1.	1.
2.	2.
3.	3.
Ex : Neste momento, estou com raiva.	A necessidade contrariada é a necessidade de estima ou de autonomia.
1.	1.
2.	2.
3.	3.

Aja para cuidar bem das suas necessidades

É fundamental tomar consciência da importância das nossas necessidades. De fato, é a partir daí que se pode providenciar ações para tratá-las com carinho. O tempo que você dedicar para identificar e observar as suas emoções lhe permitirá tomar a distância certa para se perguntar que comportamento deve ser adotado para satisfazer suas necessidades da melhor maneira possível.

Anote as suas seis necessidades mais importantes dentro da roda e, para cada necessidade, avalie de 1 a 10 o seu grau de satisfação com relação às ações realizadas no intuito de atender à necessidade em questão.

Trace uma linha entre os diferentes pontos. Observe o seu desenho: de que esferas da sua vida você poderia cuidar melhor?

Ex.: As minhas necessidades mais importantes hoje são o sentido, a autonomia, as relações sociais, o reconhecimento, a criatividade e a segurança.

Na necessidade de dar sentido à vida, eu vou dar nota 8 para as minhas ações: em toda a minha vida, eu me engajei em ações comunitárias e me preocupei em cultivar a minha vida interior... Estas ações dão sentido à minha vida.

Em compensação, na minha necessidade de relações sociais, vou dar nota 3. Atualmente, estou trabalhando demais e tendo muito pouco tempo para dar atenção às pessoas que são importantes para mim.

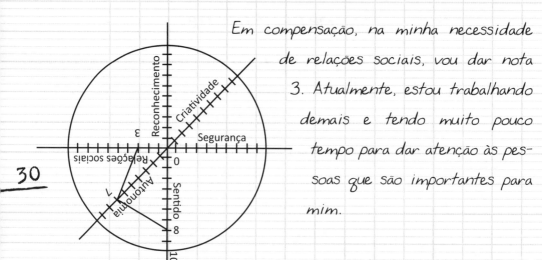

Não confunda necessidades e meios

É muito comum confundirmos as nossas necessidades fundamentais (como o reconhecimento, por exemplo) com alguns dos meios de satisfazê-las (como os parabéns dos nossos parentes, amigos e colegas). É interessante observar que necessidade fundamental se encontra por trás das nossas vontades. Será que sempre temos necessidade daquilo de que estamos com vontade? Será que ficamos com vontade daquilo que realmente satisfaria as nossas necessidades?

Embora as necessidades possam ser vistas como fundamentais e relativamente limitadas, a quantidade de meios para atender a cada necessidade é potencialmente ilimitada.

> Uma boa pergunta a se fazer é: « Que meio simples, acessível e eficaz, positivo tanto para mim quanto para os outros, poderá satisfazer a necessidade em questão? »

Ex.: Para mim, o fato de ganhar reconhecimento pelo que eu faço é importante. No trabalho, o meu chefe quase nunca me dá parabéns pelos meus sucessos. Nós já conversamos sobre isto, mas o jeito dele é assim mesmo e, além do mais, felicitar os funcionários não faz parte da cultura da nossa empresa. O que fazer para me sentir bem apesar de tudo? Fora do trabalho, posso obter reconhecimento com outras ações que eu empreender ou na minha vida pessoal. Também posso começar a praticar um esporte ou alguma outra atividade (teatro, dança) que eu saiba e que me dê prazer, além de ser um meio de obter reconhecimento.

Exercício: meios e necessidades

Tente encontrar o máximo de meios de satisfazer as seguintes necessidades:

Dar sentido à minha vida

Meios:..

Cultivar relações sociais

Meios:..

Ter autonomia

Meios:..

Os valores

«O importante não era o que esperávamos da vida, mas sim o que nós oferecíamos à vida. Em vez de se perguntar se a vida tinha um sentido, era preciso pensar que cabia a nós dar um sentido à vida todos os dias e a toda hora.»

Esta citação foi tirada do livro *Em busca de sentido*, no qual o psiquiatra Viktor Frankl conta a sua experiência nos campos de concentração e discute sobre a importância do sentido na existência humana.

As nossas emoções chamam a atenção não somente para as nossas necessidades fundamentais, como também para os nossos valores. Estas escolhas existenciais dão sentido à nossa vida. Um valor não é um objetivo ou uma meta: é uma direção que guia os nossos atos.

Alguns exemplos de valor: trabalho, justiça, igualdade, partilha, solidariedade...

Na árvore do exercício a seguir escolha três montes de folhas, pinte-as e depois escreva os três valores mais importantes na sua opinião.

Dar vida aos seus valores significa expressar o que é realmente importante através dos seus comportamentos cotidianos. É a partir daí que você pode se lançar de forma ativa no caminho que mais dê sentido à sua vida.

Escolha uma ação concreta que corresponda a um dos seus valores. Empenhe-se em realizá-la hoje.

Minha ação concreta:

....
....
....
....
....

Exercício: viva os seus valores agora

Imagine que é o seu último dia aqui na Terra. O que você diria para as pessoas que são importantes na sua vida? (ou seja, o que você lhes diria se não temesse mais ser julgado e sofrer, se decidisse assumir os seus sentimentos...?)

Exercício: escreva o seu epitáfio

Que epitáfio você gostaria que fosse escrito no seu túmulo? Em que valores você gostaria que as pessoas pensassem ao se lembrarem de você? Que mensagem gostaria de deixar para os seus entes queridos?

Escreva na lápide o que, na sua opinião, mais dá sentido à sua vida.

Cuide bem de si mesmo
Atividades revigorantes

Quando as nossas necessidades estão satisfeitas, o sinal que recebemos são emoções agradáveis. Portanto, praticar atividades que nos façam bem regularmente é um excelente meio de cuidar de nós mesmos.

No entanto, com frequência dedicamos tempo e energia a pensamentos, estados de espírito e atividades que não nos fazem bem e nos colocam em posições difíceis, tanto no trabalho quanto em casa. Quantos seres humanos só começam a se preocupar consigo mesmos ou com aquilo que realmente importa para eles depois de ficarem doentes, sofrerem um acidente ou uma crise...

Não espere o estresse e as emoções desagradáveis atropelarem você para começar a praticar atividades que lhe sejam revigorantes. É bom praticarmos este tipo de atividade de modo regular e quando estamos nos sentindo bem.

Exercício:

Se eu fizer uma lista das atividades de um dia típico meu, quais são as que me sugam energia e as que, ao contrário, me dão energia?
Anote na página esquerda do caderno as atividades que lhe fornecem energia e na da direita as que sugam a sua energia. Você também pode usar sinais de + e de − para avaliar a quantidade de energia associada a cada atividade. Vá de +3 a −3.

Em seguida, calcule o resultado total. Deu positivo?

Melhore o seu resultado

Para melhorar o seu resultado, pergunte a si mesmo:

- Dentre estas atividades, quais são as que poderiam ocupar menos espaço na minha vida?

- Com relação às que não podem ser eliminadas da sua vida (transporte, refeição, tarefas domésticas...), como você pode torná-las mais agradáveis e enriquecedoras?

Não somos iguais aos nossos pensamentos

O ser humano pensa continuamente, muitas vezes até sem se dar conta. Comparamos, predizemos, julgamos, explicamos sem parar. Este modo de funcionamento está ligado ao sistema de alarme e proteção que os nossos ancestrais nos legaram. Na época deles e ao longo da nossa evolução, sempre foi crucial julgar, comparar e predizer a fim de detectar as ameaças e escolher a melhor opção de sobrevivência.

No mundo complexo de hoje, pensar ainda é uma função indispensável. Aliás, o problema não reside em nossos pensamentos, mas **na relação que estabelecemos com eles.**

Nós os levamos a sério, deixamos que eles dirijam a nossa vida e virem a realidade. Ora, tais pensamentos automáticos favorecem emoções automáticas que influenciam os nossos comportamentos.

Exercício: quais são os seus pensamentos agora?

Vamos parar por um instante e anotar no espaço abaixo todos os pensamentos presentes agora, à medida que forem surgindo.

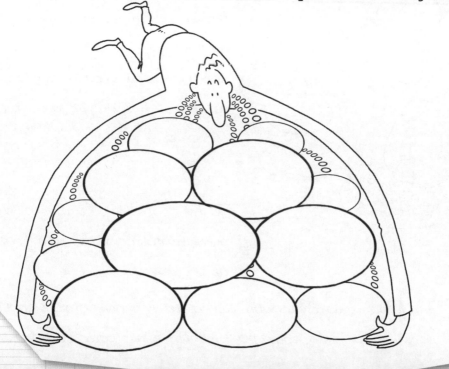

Exercício: tente não pensar em nada durante três minutos, expulse os pensamentos assim que eles aparecerem.

Você conseguiu fazer este exercício direito? Dê uma nota de 1 a 5: ....
Em seguida, concentre-se de novo e tente não pensar num elefante vermelho durante dois minutos.
Você pensou num elefante vermelho durante o exercício? ....

Você já entendeu: é impossível controlar os pensamentos, e nem é o que queremos que você faça aqui. A torrente dos nossos pensamentos é incessante e incontrolável, assim como a maré, que sobe e desce. O problema não é deixar as ondas molharem os seus pés, mas sim se deixar levar pelas correntes!

Tentar controlar ou evitar os seus pensamentos constitui uma fonte de problemas.

A solução é não ficar submisso aos seus pensamentos; é considerá-los, portanto, como pensamentos, e não como realidades.

Exercício:

Pare por um instante e anote nas nuvens os pensamentos que cruzam o seu céu. Observe-os sem viajar com eles. Eles não são o céu; eles apenas passam, preenchem o espaço e depois desaparecem...

Exercício: estou pensando que...

Um outro meio de nos « descolarmos » dos nossos pensamentos é perceber e verbalizar o fato de que se trata de pensamentos.

Exemplo: estou estressado antes de uma reunião importante. Automaticamente, se eu me identificar com os meus pensamentos, vou achar que a reunião vai dar errado, que eu não vou conseguir controlar o tempo ou que o fulano vai monopolizar a palavra.
O exercício, que pode parecer artificial ou um pouco chato no início, consiste em dizer a si mesmo e anotar:
«ESTOU PENSANDO que a reunião vai dar errado » e «ESTOU PENSANDO que o fulano vai tomar a palavra de repente ».

Assim como com as outras competências a serem adquiridas, descolar-se dos seus pensamentos leva tempo e demanda treino.

Escolha uma situação na qual você tenha pensamentos que incomodem e faça o exercício. Verifique se o seu estado de espírito se modifica e de que forma.

O resultado não será espetacular logo na primeira tentativa. Porém, com o tempo, você pode aprender a construir um espaço de liberdade no qual os seus pensamentos não determinem automaticamente o seu estado de espírito.

Focalize-se no presente

Na maior parte do tempo, e sobretudo nos momentos mais difíceis, os nossos pensamentos nos levam para longe. Agradáveis ou não, momentos do passado acabam voltando à tona. Outras vezes, inventamos planos para o futuro. Para o nosso bem-estar e o sucesso dos nossos projetos, focalizar-se no presente continua sendo o melhor remédio. Ainda mais que se concentrar no presente sem julgar nada permite viver as coisas de maneira mais completa e rica, sem fechar a cabeça e nem encontrar barreiras.

Observe as suas sensações corporais:

Sintonize a sua mente com as suas sensações corporais, começando pela ponta de um pé e percorrendo todo o seu corpo. Pinte a silhueta ao lado escolhendo cores diferentes para cada sensação:

Tenso: (cor)

Relaxado:

Confortável:

Doloroso:

Pesado:

Leve:

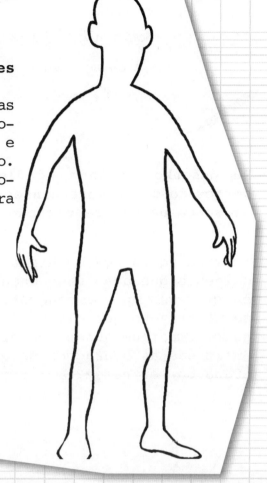

Focalize-se no presente através da consciência e da respiração

Prestar atenção na nossa respiração é um dos melhores meios de se concentrar no instante presente. A maneira de respirar muda de acordo com o humor: profunda ou ofegante, lenta ou curta, dependendo do que estamos vivendo no momento. O vaivém do ar no nosso corpo é o que nos mantém vivos. No entanto, raramente temos consciência disto, a não ser quando sentimos falta de ar (por exemplo, num espaço apertado, numa piscina, quando estamos doentes...).

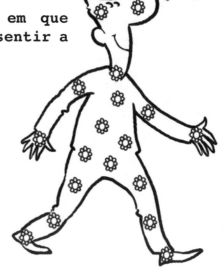

No desenho ao lado, indique em que partes do corpo você consegue sentir a presença da sua respiração.

Imagine agora uma bolhinha de oxigênio que acabou de chegar às suas narinas e concentre-se no trajeto que ela vai seguir. Embarque junto com ela! Quais são as sensações na entrada do seu nariz?

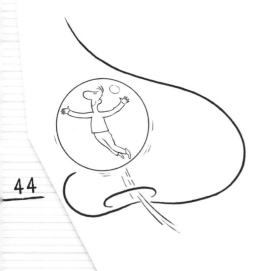

Em seguida, preste atenção nas sensações do seu abdômen quando o ar entra e sai do seu corpo. Depois, coloque uma mão na barriga e entre em contato com o movimento do seu corpo durante a inspiração e a expiração.

De modo geral, tome consciência do conjunto de sensações físicas que se manifestam durante a respiração.

Logo logo pensamentos soltos levarão você para longe deste sopro de vida. Na hora em que se der conta disto, redirija calmamente a sua atenção para a respiração sem se culpar por ter viajado com os pensamentos.

O objetivo não é controlar a respiração, nem torná-la mais ou menos profunda, mas simplesmente fazer você se reconectar com a experiência do momento presente.

Com base nos exercícios realizados até aqui, pergunte-se regularmente:

- Numa situação difícil, será que eu ajo para EVITAR as minhas emoções e pensamentos negativos ou para ALCANÇAR as minhas necessidades e valores?
- Que efeitos a fuga provoca a longo prazo?
- Como eu poderia abrir mais espaço para o que estou vivendo?
- Que comportamento me aproximaria das minhas necessidades e valores?

As emoções agradáveis (ou positivas)

Já vimos que conviver bem com as suas próprias emoções não significa experimentar exclusivamente emoções agradáveis. A orientação equilibrada das emoções requer a capacidade de acolher e compreender aquelas que são difíceis e desagradáveis para poder se conectar ao momento presente. Compreender melhor a nossa vida interior quando ela estiver passando por turbulências e tomar consciência dos nossos comportamentos automáticos permite abrir mais espaço para as emoções agradáveis, cuja importância é grande, visto o impacto positivo delas na nossa vida.

Há alguns anos, um campo da Psicologia chamado de Psicologia Positiva vem se interessando pelas condições de realização pessoal de indivíduos e grupos. Até então, as emoções agradáveis não eram muito estudadas e, se fossem, era somente se apresentassem ligação com alguma patologia: sinal de remissão, efeito colateral de um remédio...

No contexto desta disciplina, muitas experiências permitiram estudar os efeitos das emoções ditas positivas.

É digno de nota o fato de a psicóloga americana Barbara Fredrickson ter demonstrado que as emoções ditas positivas aumentavam a atenção e davam forças extras (em termos de saúde, criatividade, apoio social...)

A gratidão

Em francês, a palavra « grato » não existe, embora o seu antônimo seja bastante utilizado. Fruto do acaso ou mais uma prova da tendência a nos focalizarmos nos aspectos mais negativos da existência?

Como definir esta emoção pouco conhecida pela população, mas muito estudada pelos pesquisadores em Psicologia Positiva?

A gratidão é a emoção que nos dá a oportunidade de apreciar a vida tal como ela é hoje. É também o que nos torna capazes de agradecer por aquilo que nos deixou felizes.

Os psicólogos americanos Emmons e McCullough demonstraram que indivíduos que sentem muita gratidão em geral são mais felizes, otimistas, altruístas e menos materialistas do que os outros. Praticar a gratidão parece exercer igualmente um efeito benéfico na saúde.

Exercício: escreva uma carta de gratidão

Pense numa pessoa de quem você goste em especial e/ou numa pessoa que tenha marcado positivamente a sua vida (amigo, professor, parceiro, parente...).
Reflita sobre a importância que este relacionamento teve em termos de sentido, bons momentos, ensinamentos... Que lembranças você associa a ele? Que elementos específicos você pode atribuir à pessoa em questão? Imagine uma carta que você poderia escrever para lhe dizer todas as coisas que foram/são importantes para você.

Exercício: desfrute dos momentos banais da vida

Um outro meio de cultivar o seu jardim interior é parar para apreciar as pequenas coisas da vida. Quais são as cinco coisas que você pode tentar aproveitar melhor de agora em diante na sua vida?
Escreva nas lupas as coisas das quais você tentará desfrutar plenamente nos dez próximos dias.

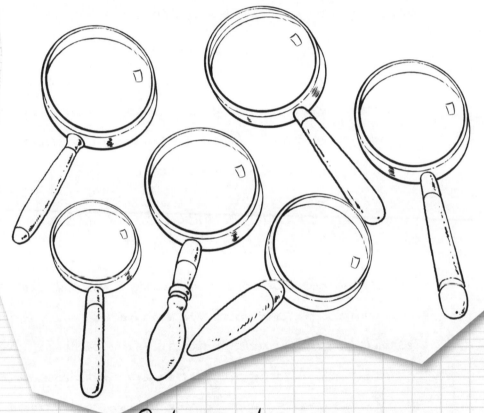

O tango das emoções

A questão das emoções é primordial nos relacionamentos: o ser humano é antes de tudo um animal social.

Seja na nossa vida pessoal ou profissional, relacionamo-nos continuamente com outras pessoas; trata-se de

uma dimensão essencial da nossa existência.

As interações e a afeição fazem parte das nossas necessidades fundamentais. É através das relações com os outros que existimos e que, em parte, a nossa existência faz sentido.

Na primeira parte deste caderno concentramos os nossos esforços nas nossas próprias emoções, o que já deve causar um grande impacto nas nossas relações com os outros. Vamos aprender agora o tango das emoções, que utilizará todos os passos que já treinamos « individualmente ».

Diferencie necessidades e expectativas

Cada um de nós é único, diferente dos bilhões de outros seres humanos que povoam a Terra, e ao mesmo tempo manifestando reações, atitudes e hábitos muito parecidos com os dos outros... A tal ponto que frequentemente esperamos deles certas condutas e os tratamos como se eles funcionassem exatamente como nós, como se soubessem o que está acontecendo dentro da nossa cabeça.

Temos tendência a exigir dos outros determinados comportamentos em vez de exprimir claramente as nossas necessidades, o que não deixa de criar inúmeras confusões e tensões.

Por trás das nossas exigências e expectativas (por exemplo, que ele(a) pare de sair à noite), sempre estão implícitas uma ou várias necessidades (por exemplo, sentir-se amado, reconhecido). As nossas expectativas são apenas meios de satisfazer a necessidade em questão. Ora, exprimir as nossas necessidades dá aos outros a possibilidade de decidir como eles podem fazer o que é importante para nós da forma que melhor lhes convier.

Na coluna da esquerda descreva em poucas palavras uma situação na qual você tenha criado expectativas/exigências e coloque-se a pergunta: « se ele(a) fizesse..., eu ganharia com isto... ». Na coluna da direita, escreva a(s) necessidade(s).

Expectativas/exigências	Necessidade(s)

Pratique regularmente:
Escreva a lista das suas expectativas.
A que necessidades tais expectativas estão ligadas?
Expresse claramente a sua necessidade (ex.: «Para mim, é importante que...»).
Reflita sobre a maneira como você pode estar aberto à(s) possível(is) resposta(s) da outra pessoa.

Tempestades de emoções

Os desacordos fazem parte da vida, é uma das consequências do fato de termos todos maneiras diferentes de reagir às situações da vida. O que importa não é tanto o conflito propriamente dito, mas sim a maneira de resolvê-lo.

Durante um conflito, frequentemente jogamos para cima dos outros a responsabilidade pelas nossas emoções e necessidades e vice-versa. Acusações, interpretações e mal-entendidos atingem os dois lados, colocando-os na defensiva e em geral elevando o tom do debate.

Uma comunicação autêntica oferece a possibilidade de você assumir a responsabilidade pelas suas próprias emoções e necessidades. Ela muitas vezes permite sair do impasse quando não foi possível evitá-lo.

ASSUMIR SIM

ACUSAR NÃO

Exercício: expressar os seus sentimentos de modo responsável

Transforme as acusações em afirmações responsáveis.
Você está fazendo com que eu me sinta mal. ⇒ Eu ....
Por que você fica tentando me irritar? ⇒ Eu ....
Você é muito severo! ⇒ Eu ....
Será que você não vê o que está me fazendo? ⇒ EU ....

Um ótimo meio de ajudar você a expressar o que estiver sentindo é entrar em sintonia com as suas sensações. Conectar-se ao seu corpo permite distinguir o que estamos experimentando através dos nossos sentidos e os julgamentos e comentários ligados ao comportamento ou discurso dos outros.

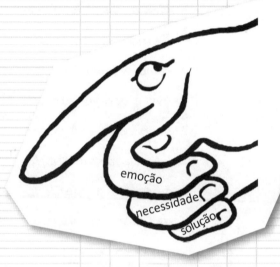

Como diz um provérbio africano: « Não esqueça que, quando você aponta para alguém, três dedos seus ficam virados para você ».

Bastam quatro etapas para estabelecer uma comunicação mais autêntica. A primeira consiste em descrever a situação problemática da maneira mais objetiva possível, evocando os fatos assim como faria um narrador externo. Em seguida, deve-se descrever os seus sentimentos falando sobre si mesmo sem acusar a outra pessoa, como acabamos de ver. Na terceira etapa, descreva as suas necessidades, e não as soluções que você espera que o outro proponha. Por fim, na última etapa da negociação, trata-se de explorar junto com o outro o que ele estaria disposto a fazer para tentar responder às suas necessidades.

Exercício: sopre o vento da autenticidade para fazer as pás do moinho girarem

Escreva nelas a sua situação, o seu sentimento, a sua necessidade e a solução que imaginar.

Expressar as nossas emoções e necessidades de modo autêntico permite cultivar melhor os nossos relacionamentos, mas é apenas metade do processo. A outra metade diz respeito à nossa capacidade de dar ouvido às emoções e necessidades dos outros. A escuta empática é um excelente meio de se interessar pelos outros e criar relações mais harmoniosas. Empatia é a capacidade de se colocar no lugar do outro, ou seja, imaginar o que ele está sentindo e/ou pensando. Naturalmente, num conflito, concentramo-nos nas nossas dificuldades e pensamos que o responsável de tudo é o outro. Porém, não podemos esquecer que também somos « o outro » para os outros. E é comum o outro se sentir tão triste, magoado ou irritado quanto você.

Traduza o mau humor em expressão de emoções e necessidades

Quando nos confrontamos com pessoas que estão vivendo emoções difíceis sem saber como exprimi-las adequadamente, podemos escolher entre reagir ao que consideramos como uma agressão ou, ao contrário, tentar compreender o que a pessoa está sentindo.

Pense numa situação em que alguém (parente ou amigo) tenha se mostrado desagradável.

- Na sua opinião, qual era a emoção da pessoa?

- Quais eram as necessidades dela?

- Como você poderia lhe mostrar que você estava dando ouvido às emoções e necessidades dela?

Ex.: Uma amiga sua está distante desde que você voltou a namorar. Na última vez em que vocês se viram, ela acusou você de ser egoísta, fria e pouco disposta a escutar os outros...

De modo automático, você se sente atacada, quase responde que ela está com ciúmes, reage às afirmações dela e ameaça acabar com a amizade.
Em vez disso, vamos imaginar uma conversa baseada na escuta dos sentimentos e/ou necessidades dela:

« Você está aborrecida com a nossa amizade? »

« Você tem a impressão de que eu estou dedicando menos tempo a você do que antes? »

« Você gostaria que eu demonstrasse mais o quanto você é importante para mim? »

« Você gostaria que eu me mostrasse mais disposta a escutar os seus problemas? »

« Você quer ir passar um final de semana junto comigo? A gente pode fazer trilha numa floresta ou ir a um salão de massagem... »

Exercício: enxergar os outros como obras de arte

Lembre-se de uma situação na qual você tenha estado em conflito com algum parente ou amigo, de uma discussão que tenha provocado tensão e nervosismo.
A cada frase do seu interlocutor, você se prepara para responder e apresentar novos argumentos. Você escuta as afirmações, interpreta as intenções... vocês estão trocando palavras, e não se relacionando.

Você considera o seu interlocutor menos como uma pessoa do que como um problema a ser resolvido: você quer ter razão. Será que você já se sentiu como um « problema » que alguém tivesse de resolver? Um problema desagradável, gerador de tensões e irritante? É agradável se sentir assim?
Desenhe entre as duas figuras abaixo como é este tipo de relação.

Em tais situações, no clímax da discussão, pare de tentar resolver o problema de "alguém que não está concordando com você" e comece a observar a outra pessoa expressando a opinião dela, buscando argumentos para se defender e, assim como você, colocando de lado a relação de ambos pelo bem da ideia que ela está sustentando. Durante alguns instantes, preste atenção na sua respiração e na do seu interlocutor, observe o rosto e a energia dele... como se você estivesse contemplando um quadro belíssimo. Em seguida, do fundo da sua alma, transmita compaixão para a outra pessoa, pois, há apenas alguns segundos, você estava no lugar dela.

Agora, desenhe como seria esta interação.

Emoções positivas e relacionamentos: compartilhe emoções positivas com os outros

Para a maioria de nós, conciliar relacionamento duradouro e harmonia/plenitude não é fácil. Um dos exemplos mais marcantes é a relação conjugal. A Psicologia Positiva vem se interessando há alguns anos pelas relações conjugais que dão certo no intuito de entender melhor o segredo delas. Com base em diversas entrevistas filmadas, as pesquisas realizadas pelo psicólogo americano Gottman e sua equipe apontam certos fatores que permitem prever com bastante precisão a probabilidade de insatisfação e separação dos casais entrevistados.

Contrariamente ao que se pensa, não são a quantidade ou a frequência dos conflitos que mais indicam a probabilidade de um fracasso. Segundo os pesquisadores citados, a chave da questão se encontra na relação entre as interações positivas e negativas: é necessária uma grande quantidade de interações positivas para contrabalançar uma interação negativa. **Uma proporção de 3 para 1 parece ser o mínimo necessário para que os relacionamentos sejam felizes.** Portanto, seria preciso cultivar bem os seus relacionamentos para estabelecer pelo menos três interações positivas para cada interação negativa. Mas nada impede de ir além!

Exercício: experimente a atitude « ativo-construtiva »

Na próxima vez em que alguém lhe der uma notícia boa tente adotar a atitude a seguir, que é a mais benéfica para ampliar o efeito da novidade e cultivar o relacionamento:

1. escute, de maneira ativa e empática, a pessoa lhe contar o acontecimento positivo;

2. demonstre sinceramente a sua alegria e entusiasmo;

3. faça duas perguntas construtivas sobre o acontecimento em questão (« Como você se sentiu naquela hora? », « Como foi que aconteceu exatamente? »);

4. mencione o tal acontecimento positivo na próxima conversa, fazendo os efeitos positivos dele durarem mais tempo.

Esta atitude é completamente oposta ao comportamento destrutivo, que seria marcado pela indiferença ou disposto a identificar aspectos problemáticos na notícia positiva.

Exercício: anote exemplos de interações negativas e reequilibre-os com interações positivas

Emoções sem fronteiras: coloque o seu maior bem-estar a serviço dos outros

Altruísmo e gentileza

Além da gratidão, o altruísmo e a gentileza são meios de cultivar as emoções positivas e fazer o bem tanto para si quanto para os outros.

Pesquisas científicas demonstram que a gentileza, além de fazer com que nos interessemos pelos outros, proporciona mais felicidade, menos depressão e menos estresse. Durante o próximo mês, procure fazer pelo menos um pequeno gesto de gentileza por dia. Pode ser uma coisa bem simples, como por exemplo segurar a porta para alguém, ceder o assento no ônibus, dar um sorriso...

Anote abaixo três gestos de gentileza que você fez ultimamente.

1) ....

2) ....

3) ....

Uma ideia de gentileza para iluminar o mundo a cada dia da semana: para começar a sua terapia, escreva um gesto em cada raio do sol.
Mantenha um diário de gentileza no mês que vem. Quando você o reler no mês seguinte, ficará ainda mais feliz!

domingo: ....

sábado: ....

segunda: ....

sexta: ....

terça: ....

quarta: ....

quinta: ....

Conclusão

Chegamos ao fim da nossa viagem ao maravilhoso mundo das emoções. Conviver melhor com as suas emoções significa parar para descobrir e acolher os seus estados de espírito em vez de tentar evitá-los ou controlá-los. Como diz Khalil Gibran no poema abaixo, acolher o inverno dos nossos corações nos prepara para a primavera.

« No outono, colhi todas as minhas penas e as enterrei no jardim. Quando setembro desabrochou, e a terra e a primavera celebraram o seu casamento, meu jardim ficou coberto de flores esplêndidas e extraordinárias. »

Escutar as mensagens da sua vida interior, cuidar bem de si mesmo, andar de mãos dadas com os seus valores e cultivar o altruísmo: eis algumas dicas para conviver melhor com as suas emoções. Este estilo de vida também é o caminho para você se conectar de maneira harmoniosa com o mundo ao seu redor.

Referências

ANDRÉ, Christophe. *Les états d'âme* — Un apprentissage de la sérénité. Paris: Odile Jacob, 2009.

KABAT-ZINN, Jon. *Full catastrophe living* — Using the wisdom of your body and mind to face stress, pain and illness. Nova York: Delta Trade Paperbacks, 2005.

KOTSOU, Ilios. *Intelligence émotionnellle et management* — Comprendre et utiliser la force des émotions. Bruxelas: De Boeck, 2008.

MIKOLAJCZAK, Moïra. *Les compétences émotionnelles*. Paris: Dunod, 2009.

NHAT HANH, Thich. *Para viver em paz* — O milagre da mente alerta. Manual de meditação para militantes da paz. 27. ed. Petrópolis: Vozes, 2009.

QUOIDBACH, Jordi. *Pourquoi les gens heureux vivent plus longtemps?* Paris: Dunod, 2010.

RICARD, Matthieu. *Felicidade* — A prática do bem-estar. São Paulo: Palas Athena, 2007.

ROSENBERG, Marshall B. *Comunicação não violenta* — Técnicas para aprimorar relacionamentos pessoais e profissionais. São Paulo: Ágora, 2006.

Acesse a coleção completa em

livrariavozes.com.br/colecoes/caderno-de-exercicios

ou pelo Qr Code abaixo